GOUVERNEMENT GÉNÉRAL DE L'ALGÉRIE

DÉPARTEMENT D'ORAN

BUDGET DÉPARTEMENTAL

DES

RECETTES ET DES DÉPENSES

EXERCICE 1884

ORAN
Imprimerie administrative et commerciale des Ouvriers Réunis, rue d'Orléans, 20.

1884

GOUVERNEMENT GÉNÉRAL DE L'ALGÉRIE

DÉPARTEMENT D'ORAN

BUDGET DÉPARTEMENTAL

DES

RECETTES ET DES DEPENSES

EXERCICE 1884

ORAN
Imprimerie administrative et commerciale des Ouvriers Réunis, rue d'Orléan · 20.

1884

TABLE DES MATIÈRES

BUDGET ORDINAIRE

BUDGET EXTRAORDINAIRE

BUDGET ORDINAIRE

RECETTES ET DÉPENSES DÉPARTEMENTALES ORDINAIRES

EXERCICE 1884

RECETTES DÉPARTEMENTALES ORDINAIRES

DÉSIGNATION DES RECETTES	SOMMES ALLOUÉES au budget de 1883 soit par le décret de règlement, soit par décisions modificatives	SOMMES VOTÉES par le Conseil général	RÈGLEMENT — SOMMES ALLOUÉES	OBSERVATIONS
RECETTES DE 1884				
ARTICLE PREMIER. — Part revenant au Département sur les produits de l'impôt arabe	1.600.000 »	1.410.000 »	1.410.000 »	
ART. 2. — Produits éventuels du budget ordinaire :				
1° Revenus des propriétés départementales. (Décret du 23 septembre 1875, art. 58, § 4) :				
Loyers de terrains et de bâtiments . . . . 240 »				
Intérêts de capitaux et arrérages de rentes appartenant au département				
Revenus de la pépinière départementale				
Revenus d'établissements d'eaux minérales . . .	240 »	240 »	240 »	
Vente d'arbres abattus ou élagués				
Vente de chevaux, taureaux, etc.				
Vente de cartes topographiques et de l'inventaire des archives.				
2° Produit des expéditions d'anciennes pièces ou d'actes de la préfecture, déposés aux archives. (Décret du 23 septembre 1875, art. 58, § 5)	70 »	70 »	70 »	
3· Produit des droits de péage et des autres droits concédés au Département. (Décret du 23 septembre 1875, art. 58, § 6) :				
Bacs et passages d'eau situés sur les routes départementales.				
Péages sur les routes départementales				
Amendes pour contravention en matière de roulage. (Décret du 3 novembre 1855). . . . . . 2.000 »	2.400 »	2.400 »	2.400 »	
Amendes et confiscations affectées au service des enfants assistés. (Arrêté du 25 floréal, an VIII, ordonnance du 30 décembre 1823 et loi du 5 mai 1869).				
Attributions sur amendes en matière de licences. 400 »				
4· Subventions pour les dépenses du budget ordinaire :				
Subventions allouées sur les fonds de l'Etat. (Décret du 23 septembre 1875, art. 58, § 7)				
Subventions de l'Etat pour le Service des enfants assistés. (Loi du 5 mai 1869) . . . . 2.000 »				
Fondations, dons et legs spéciaux au profit des enfants assistés . . . . »				
Contingent des communes pour le même service. 20.000 »	20 320 »	32.220 »	32.220 »	
Aliénés. { Contingent des communes. . . . . . } { Contingent des familles . . . . . . } 5.810 »				
Enfants du premier âge. (Loi du 23 décembre 1874). { Subvention de l'Etat . . . 575 » { Remboursement par les départements . . . . . 1.000 »				
Subvention pour logement des officiers de gendarmerie . . . . 2.835 »				
A reporter.	1.623.030 »	1.444.930 »	1.444.930 »	

DÉSIGNATION DES RECETTES	SOMMES ALLOUÉES au Budget de 1883 soit par le décret de règlement, soit par décisions modificatives.	SOMMES VOTÉES par le conseil général	RÈGLEMENT	
			SOMMES ALLOUÉES	OBSERVATIONS
Report . . .	1.623.030 »	1.444.930 »	1.444.930 »	
5. Ressources éventuelles du service vicinal et des chemins de fer d'intérêt local :				
Chemins vicinaux de grande communication { Subvention de l'État . . Contingents et offres des communes, souscriptions particulières, subventions industrielles, bacs et passages d'eau.				
Chemins vicinaux d'intérêt commun { Subvention de l'État. . . Contingents et offres des communes, souscriptions particulières, et subventions industrielles	232.834 »	218.211 »	218.211 »	
Chemins ordinaires { Subventions de l'État . . Contingents et offres des communes (Loi spéciale du)				
Contingents des communes pour les dépenses qui intéressent les trois catégories de chemins vicinaux.	218.211 »			
Chemins de fer { Subvention de l'État. . . Contingent des communes. . . . . Souscriptions particulières				
6· Remboursement d'avances :				
Remboursement des avances faites pour travaux d'intérêt public	3.000 »			
Retenues afférentes aux coupons des obligations départementales ; droits de transferts, etc. (Loi du 20 juin 1872)	»	3.100 »	3.100 »	
Remboursement des avances faites pour les enfants admis à l'assistance départementale. . .	100 »			
Reversements pour trop-payé sur les ressources ordinaires.				
7· Remboursement de frais de transport d'indigents.	200 »	200 »	200 »	
8· Part contributive de l'État et des communes dans les dépenses d'entretien des vieillards et des incurables	50.000 »	50.000 »	50.000 »	
Total des recettes du Budget ordinaire. . .	1.903.064 »	1.716.441 »	1.716.441 »	

DÉPENSES DÉPARTEMENTALES ORDINAIRES

DÉSIGNATION DES DÉPENSES	SOMMES ALLOUÉES au Budget de 1883 soit par le décret de règlement, soit par décisions modificatives	SOMMES VOTÉES par le Conseil général	RÈGLEMENT	
			SOMMES ALLOUÉES	OBSERVATIONS
SOUS-CHAPITRE 1er				
Dépenses Obligatoires				
(Décret du 23 septembre 1875, articles 60 et 61)				
Hôtel de Préfecture et de Sous-Préfectures				
ART. 1er. — Entretien des bâtiments de l'hôtel et des bureaux de la préfecture	4.000 »	4.000 »	4.000 »	
ART. 2. — Entretien des hôtels et des bureaux de sous-préfectures, savoir :				
Arrondissement de Mostaganem . . . . . . 1.200 »				
Id. de Tlemcen . . . . 1.500 »	3.700 »	3.200 »	3.200 »	
Id. de Mascara . . . . 500 »				
ART. 3. — Loyer de l'hôtel et des bureaux de la préfecture. . .	4.650 50	4.650 50	4.650 50	
ART. 4. — Loyer de l'hôtel et des bureaux de la sous-préfecture de Sidi-bel-Abbès.	4.791 »	3.001 »	3.001 »	
ART. 5. — Réparations locatives aux bâtiments de la sous-préfecture de Sidi-bel-Abbès	800 »	300 »	300 »	
Mobiliers des hôtels de Préfecture et de Sous-Préfectures				
Hôtel de Préfecture				
La valeur du mobilier de la préfecture, reconnue par récolement d'inventaire, était au 1er janvier 1882 de 89.739 98 91.706 93				
Alloué pour augmentation au budget de 1882. . . . . 4.966 95				
A déduire la valeur du mobilier réformé en 1882. 1.948 60				
Valeur au 31 décembre 1882. 92.758 33				
ART. 6. — Acquisition . . . . / Réparations extraordinaires . . . . . / Entretien	4.500 »	4.500 »	4.500 »	
Hôtels de Sous-Préfectures				

	ARRONDISSEMENTS	VALEUR du mobilier au 31 décembre 1882	CRÉDITS votés pour entretien et acquisitions			
ART. 7. —	Mostaganem.	20.319 95	900	3.050 »	2.600 »	2.600 »
	Tlemcen.	14.403 78	700			
	Mascara.	14.000 41	500			
	Sidi-bel-Abbès.	15.517 80	500			
				100 »	»	»

	SOMMES ALLOUÉES au Budget de 1883	SOMMES VOTÉES par le Conseil général	SOMMES ALLOUÉES
A reporter	35.501 50	22.251 50	22.251 50 »

DÉSIGNATION DES DÉPENSES	SOMMES ALLOUÉES au budget de 1883 soit par le décret de règlement, soit par décisions modificatives	SOMMES VOTÉES par le Conseil général	RÈGLEMENT	
			SOMMES allouées	OBSERVATIONS
Report. . . .	35.491 50	22.251 50	22.251 50	

Service départemental de l'Instruction publique

. — Loyer et entretien du local nécessaire à la réunion du Conseil départemental d'instruction publique. . . . . . . — » — » — »

ART. 9. — Loyer et entretien du bureau de l'Inspecteur d'académie. . . . . — 1.200 50 — 1.200 50 — 1.200 50

ART. 9². — Mobilier du local affecté au Service de l'instruction publique :

Acquisitions. . . . .
Réparations extraordinaires . . . . — 50 » — 50 » — 50 »
Entretien . . . .

Casernement ordinaire des brigades de gendarmerie

ART. 10. — Entretien des casernes appartenant au Département et situées dans les villes ou communes ci-après :

Saint-Cloud . .	300 »	Tiaret.	400 »	
Lourmel	300 »	Oued - El - Ham-		
Aïn-el-Arba . .	500 »	main	500 »	
Saint-Louis. . .	400 »	Zelamta.	200 »	
Arzew.	300 »	Ramchi	200 »	
Mostaganem (vil-		Sebdou	200 »	
le)	800 »	Ammi-Moussa. .	200 »	
La Macta. . . .	300 »	Frendah.	200 »	
Aïn-Tédelès . .	500 »	Cassaigne	300 »	
Aïn-Nouissy . .	500 »	Mers-el-Kebir. .	200 »	
Zemmorah . . .	500 »	Oued-Imbert. . .	600 »	
Misserghin . . .	1.200 »	Hennaya.	500 »	
Sig.	300 »	Les Andalouses .	200 »	
Inkermann. . .	800 »	Marnia	200 »	
Perrégaux . . .	700 »	Saïda	200 »	21.200 »
Relizane	800 »	Aïn-Fekan . . .	200 »	
Mascara	800 »	Mendez	200 »	
Pont-de-l'Isser .	600 »	Palikao	200 »	
Tlemcen	1.200 »	Aboukir	200 »	
Nemours	400 »	Thiersville. . . .	200 »	
Aïn-Témouchent	500 »	Aïn-Sfra.	200 »	
Bel-Abbès. . . .	600 »			
Sainte-Barbe-du-				
Tlélat	600 »			
Mercier-Lacombe	800 »			
Lamoricière . . .	200 »			
L'Hillil	200 »			
Renault	600 »			

(colonne « Votées par le Conseil général » : 20.000 » ; colonne « Sommes allouées » : 20.000 »)

ART. 11. — Loyer des casernes au nombre de 10. . . . . — 27.407 » — 27.242 » — 27.242 »

GENDARMERIES D'ORAN :		*Report.* . .	22.775 »
Saint-Antoine. .	14.000 . »	de Sidi-Ali-ben-	
La Marine . . .	2.400 »	Youb	2.000 »
Karguentah . .	2.200 »	de la Raouia. . .	600 »
GENDARMERIES		de Beni-Saf . . .	1.500 »
de Saïda	1.875 »	de Temda (abri) .	360 »
de Bouguirat . .	2.000 »		
GENDARMERIES		Timbres de quit-	
de Oued-Taria .	300 »	tances	7 »
A reporter. 22.775 »		TOTAL . . .	27.242 »

ART. 12. — Réparations locatives aux casernes de gendarmerie. — 4.700 » — 3.000 » — 3.000 »

ART. 13. — Eclairage des casernes. Remplacement des drapeaux placés sur ces bâtiments. . . . . — 2.500 » — 2.500 » — 2.500 »

Art. 13 bis. — Indemnité de literie aux militaires admis dans la gendarmerie. (Décret du 18 février 1853, avis du Conseil d'Etat du 11 mars 1875). . . . . — » — » — »

A reporter. . . .	92.549 »	76.244 »	76.244 »	

DÉSIGNATION DES DÉPENSES	SOMMES ALLOUÉES au budget de 1883 soit par le décret de règlement, soit par décisions modificatives	SOMMES VOTÉES par le Conseil général	RÈGLEMENT SOMMES ALLOUÉES	OBSERVATIONS
Report. . . .	92.549 »	76.244 »	76.244 »	
Cours d'assises, Tribunaux, Justices de paix				
Art. 14. — Entretien des bâtiments occupés par les tribunaux, savoir :				
Tribunal d'Oran. . . . . 1.500 »				
id. de Mostaganem. . . . . 800 »				
id. de Tlemcen . . . . 1.000 »	4.800 »	4.300 »	4.300 »	
id. de Mascara. . . . . 500 »				
id de Sidi-bel-Abbès. . . . . 500 »				
Art. 15. — Loyer des bâtiments occupés par les tribunaux :				
Tribunal d'Oran (2ᵉ chambre) . . . . 1.100 »				
id. civil de Bel-Abbès . . . . 900 »				
id. de commerce d'Oran . . . . 3.200 »				
id. musulman de Ste-Barbe-du-Tlélat. 450 »				
id. id. d'Aïn-Témouchent. . . 600 »				
id. id. de Saint-Denis du Sig . 270 »				
id. id. d'Aïn-Tédelès. . . . . 216 »				
id. id. de Mazouna. . . . . . 300 »				
id. id. d'Aïn-Nouissy . . . . . 180 »				
id. id. de Tlemcen . . . . . . 1.000 »				
id. id. de Lamoricière . . . . 180 »				
id. id. de l'Oued-Traria. . . . 200 »				
id. id. de Perrégaux . . . . . 240 »				
id. id. de Relizane . . . . . . 200 »				
id. id. d'Hennaya. . . . . . . 300 »				
id. id. de Mostaganem . . . . 400 »				
id. id. de Bouguirat . . . . . 300 »	17.653 »	14.108 »	14.108 »	
id. id. de Cassaigne . . . . . 180 »				
id. id. d'Aïn-el-Arba. . . . . 240 »				
id. id. de Sidi-bel-Abbès. . . 720 »				
id. id. de Sebdou. . . . . . . 240 »				
id. id. de Zemmorah . . . . . 180 »				
id. id. d'Ammi-Moussa. . . . 180 »				
id. id. de Sidi-Snoussi . . . . 180 »				
id. id. de Frendah . . . . . . 180 »				
id. id. de Tiaret . . . . 360 »				
id. id. de Haddad. . . . . . . 180 »				
id. id. de Saïda. . . . . 500 »				
id. id. de Beni-Riman . . . . 180 »				
id. id. de Nemours. . . . . . 180 »				
id. id. de Mercier-Lacombe. . 200 »				
id. id. de Nédromah . . . . . 180 »				
id. id. de Marnia. . . . . . . 180 »				
Timbres de quittances . . . . 12 »				
Art. 15 bis. — Indemnité à M. Perez pour réparations locatives à l'ancien local affecté au tribunal de Mascara :	»	1.300 10	1.300 10	
Art. 16. — Réparations locatives et éclairage des bâtiments :				
Tribunal civil d'Oran . . . . 300 »				
id. de Mostaganem . . . . 100 »				
id. de Tlemcen . . . . 75 »	1.228 »	928 »	928 »	(1) Réparations locatives.... 300 fr.
id. de Mascara . . . . 75 »				Éclairage............... 75 »
id. de Bel-Abbès. . . . . (1) 375 »				‾‾‾‾‾‾
Timbres de quittances . . . . 3 »				Égal........ ‾ 375 »
A reporter. . . .	116.230 »	96.880 10	96.880 10	

DÉSIGNATION DES DÉPENSES	SOMMES ALLOUÉES au Budget de 1883 soit par le décret de règlement, soit par décisions modificatives	SOMMES VOTÉES par le Conseil général	RÈGLEMENT SOMMES ALLOUÉES	OBSERVATIONS
Report. . .	116.230 »	96.880 10	96.880 10	
ART. 17. — Entretien du mobilier de la cour d'Assises et des tribunaux (non compris le greffe et ses accessoires) :				
Tribunal civil d'Oran. . . . . 200 »				
id. de Mostaganem, ... 150 »				
id. de Tlemcen . . . . 150 »				
id. de Mascara . . . . 150 »				
id. de Bel-Abbès . . . . 150 »				
id. de commerce d'Oran . . . . . 100 »				
Pour 31 mahakmas à 40 francs chacune. . . 1·240 »	2.265 »	2.155 »	2.155 »	
Timbres de quittances . . . . 15 »				
ART. 18. — Achat de meubles pour le tribunal :				
d'Oran . . . . 300 »				
de Tlemcen . . . . 150 »				
de Mostaganem . . . . 150 »				
de Mascara . . . . 3.902 »				
de Sidi-bel-Abbès . . . . 150 »				
de Commerce d'Oran. . . . . . . 100 »	7.905 »	4.757 »	4.757 »	
Timbres de quittances . . . . 5 »				
ART. 19. — Menues dépenses de la Cour d'Assises et des tribunaux :				
Cour d'assises d'Oran . . . . 500 »				
Tribunal civil d'Oran { 1° Siège . . . . 1.300 » / 2° Parquet, y compris 150 francs pour frais d'assistance judiciaire. . . 1.600 »				
Tribunal de commerce d'Oran.. . . . . . 200 »				
Tribunal civil de Mostaganem { 1° Siège. . . . . 600 » / 2° Parquet, y compris 150 francs pour frais d'assistance judiciaire. . . 1.400 »				
Tribunal civil de Tlemcen { 1° Siège. . . . . 600 » / 2° Parquet, y compris 150 francs pour frais d'assistance judiciaire. . . 1.400 »	11.610 »	11.610 »	11.610 »	
Tribunal civil de Mascara { 1° Siège . . . . 600 » / 1° Parquet, y compris 150 francs pour frais d'assistance judiciaire. . . 1.400 »				
Tribunal civil de Bel-Abbès { 1° Siège. . . . . 600 » / 2° Parquet, y compris 150 francs pour frais d'assistance judiciaire. . . 1.400 »				
Timbres de quittances . . . . 10 »				
A reporter. . .	138.010 »	115.402 10	115.402 10	

DÉSIGNATION DES DÉPENSES	SOMMES ALLOUÉES au Budget de 1883 soit par le décret de règlement, soit par décisions modificatives	SOMMES VOTÉES par le Conseil général	RÈGLEMENT — SOMMES ALLOUÉES	OBSERVATIONS
Report. . . .	138.010 »	115.402 10	15.402 10	
Art. 20. — Rétributions des concierges et chaouchs des tribunaux :	11.715 »	5.010 »	11.710 »	
A reporter (Art. 21 — menues dépenses) 2.150 » ... TOTAL 4.050 »	3.550 »	4.050 »	4.050 »	
A reporter (Art. 22) 9.600 » ...	16.230 »	»	16.230 »	
A reporter. . . .	169.505 »	124.462 10	147.392 10	

Art. 20. — Rétributions des concierges et chaouchs des tribunaux :

Tribunal civil d'Oran, 1 concierge. .	1.000 »
Id. 3 chaouchs à 900 fr.	2.700 »
Tribunal de commerce d'Oran, 1 concierge.	800 »
1 chaouch.	800 »
Tribunal civil de Mostaganem, 1 concierge	800 »
1 chaouch	800 »
Tribunal civil de Tlemcen, 1 concierge	800 »
Id. id. 1 chaouch.	800 »
Id. de Mascara, 1 concierge	800 »
Id. id. 1 chaouch.	800 »
Id. de Bel-Abbès, 1 concierge	800 »
Id. id. 1 chaouch.	800 »

~~Les sommes demandées en faveur des concierges~~
~~ont été seules maintenues.~~

Timbres de quittances	10 »

Art. 21. — Menues dépenses des justices de paix :

Oran	100 »	*Report*	2.150 »
Mostaganem . .	100 »	Cassaigne . . .	125 »
Mascara	100 »	Daya	125 »
Tlemcen	125 »	Zemmorah . . .	125 »
Saint-Denis-du-Sig	150 »	Frendah	125 »
		Palikao	125 »
Saint-Cloud . .	125 »	Remchi	125 »
Sidi-bel-Abbès.	100 »	Ammi-Moussa .	125 »
Tiaret	125 »	Aïn-el-Arba . .	125 »
Aïn — Témouchent.	150 »	Lourmel	125 »
		Boukanéfis . .	125 »
Relizane	150 »	Mercier — Lacombe. . . .	125 »
Saïda	150 »	Géryville . . .	125 »
Tlélat	125 »	Aïn-Sefra . . .	125 »
Perrégaux . . .	150 »	Mecheria . . .	125 »
Inkermann . . .	125 »	Marnia	125 »
Nemours	125 »	Timbres de quittances . .	25 »
Lamoricière . .	125 »		
Sebdou	125 »		
A reporter	2.150 »	TOTAL . . .	4.050 »

Art. 22. — Rétributions des Chaouchs des justices de paix :

Oran	600 »	*Report*	9.600 »
Mostaganem . .	600 »	Lamoricière . .	600 »
Mascara	600 »	Cassaigne . . .	600 »
Tlemcen	600 »	Sebdou	600 »
St-Denis du Sig	600 »	Frendah	600 »
Saint-Cloud . .	600 »	Palikao	600 »
Sidi-bel-Abbès.	600 »	Remchi	600 »
Tiaret	600 »	Ammi-Moussa.	600 »
Aïn — Témouchent.	600 »	Aïn-el-Arba. .	600 »
Zemmorah . . .	600 »	Lourmel	600 »
Relizane	600 »	Boukanéfis . .	600 »
Saïda	600 »	Mercier — Lacombe. . . .	600 »
Tlélat	600 »		
Perrégaux . . .	600 »		
Inkermann . .	600 »		
Nemours . . .	600 »	Timbres de quittance . .	30 »
A reporter.	9.600 »		

DÉSIGNATION DES DÉPENSES	SOMMES ALLOUÉES au Budget de 1884 soit par le décret de règlement, soit par décisions modificatives	SOMMES VOTÉES par le Conseil général	RÈGLEMENT	
			SOMMES ALLOUÉES	OBSERVATIONS
Report. . . .	169.505 »	124 462 10	147.392 10	
Frais d'impressions				
ART. 23. — Frais d'impression et de publication des listes pour les élections consulaires	800 »	1.200 »	1.200 »	
Frais d'impression des cadres pour la formation des listes électorales et des listes du jury.				
ART. 24. — Location du terrain sur lequel doit être édifié un asile pour les vieillards	»	100 10	100 10	
Articles non reproduits, ...	100 »	»	»	
Total du Sous-chapitre 1er. . . .	170.405 »	125.762 20	148.692 20	

SOUS-CHAPITRE II

Propriétés départementales immobilières

Travaux, acquisitions, échanges, etc.

ART. 1er. — Réparations aux bâtiments de . . . .
Montant du projet. . . . .
Montant du devis supplémentaire . . . .

L'adjudication passée le   a réduit la dépense à. . . . .
Il a été payé antérieurement. . . . .
Il a été alloué au budget de 18 . . . .

        Reste à créditer . . . .

On propose d'allouer au budget . . . .

ART. 2. — Entretien des bâtiments des prisons :				
Prison civile d'Oran . . . . 2.000 »				
id. de Tlemcen. . . . . 600 »				
id. de Mascara. . . . . 600 »				
id. de Bel-Abbès . . . . 500 »				
id. de Tiaret . . . . 300 »				
id. de Mostaganem . . . . 1.200 »	7.700 »	6.500 »	6.500 »	
id. du Sig . . . . 300 »				
id. de Nemours. . . . . 200 »				
id. de Saïda. . . . . 200 »				
id. d'Aïn-Témouchent . . . . . . 200 »				
id. de Relizane. . . . . 200 »				
id. d'Inkermann . . . . 200 »				
A reporter.	7.700 »	6.500 »	6.500 »	

DÉSIGNATION DES DÉPENSES	SOMMES ALLOUÉES au budget de 1883 soit par le décret de règlement, soit par décisions modificatives	SOMMES VOTÉES par le Conseil général	RÉGLEMENT	
			SOMMES ALLOUÉES	OBSERVATIONS
Report. . . .	7.700 »	6.500 »	6.500 »	
ART. 3. Réparations locatives aux bâtiments des prisons : Prison civile de Zemmorah.	500 »	300 »	300 »	
ART. 4. — Entretien des bâtiments de l'orphelinat des filles de Misserghin	1.500 »	1.000 »	1.000 »	
ART. 5. — Construction d'un hôtel de préfecture à Oran. . . .	»	»	»	
ART. 6. — Constructions et grosses réparations à divers bâtiments : Grosses réparations à exécuter : Prison civile de Mostaganem . . . . 1.300 » Id. de Bel-Abbès. . . . . 5.500 » Gendarmerie de Saint-Cloud. . . . . . . 300 » Id. de Perrégaux . . . . 2.150 » Id. de Mascara . . . . 550 » Id. du Sig . . . . 5.000 »	46.600 »	14.800 »	14.800 »	
ART. 6 bis. — Construction d'un asile pour les vieillards. . . .	»	75.000 »	75.000 »	
ART. 7. — Indemnité de 5 0/0 aux agents de la voirie chargés des bâtiments.	3.454 07	3.570 »	3.570 »	
ART. — Etablissement thermal d appartenant au département.				
ART. — Pépinière départementale				
ART. 8. — Assurances des bâtiments départementaux contre les risques de l'incendie	2.500 »	2.500 »	2.500 »	
ART. — Contributions dues pour les propriétés du département				
ART. 9. — Chauffage et éclairage du corps de garde de la préfecture.	300 »	»	»	
ART. 10. — Frais d'illumination des édifices, les jours de fêtes publiques.	5.000 »	5.000 »	5.000 »	
ART. 11. — Gages des concierges de préfecture et sous-préfectures	4.810 »	5.010 »	5.010 »	
ART. 12. — Gages du jardinier de la préfecture et achats divers	1.081 50	(1)1.081 50	1.081 50	Y compris les timbres de quittances.
ART. 13. — Chauffage et éclairage des loges des concierges, des galeries et des couloirs de la préfecture.	600 »	600 »	600 »	
Total du sous-chapitre II. . . .	73.745 57	115.361 50	115.361 50	

DÉSIGNATION DES DÉPENSES	SOMMES ALLOUÉES au Budget de 1883 soit par le décret de règlement, soit par décisions modificatives.	SOMMES VOTÉES par le conseil général	RÈGLEMENT	
			SOMMES ALLOUÉES	OBSERVATIONS

SOUS-CHAPITRE III

Routes départementales

§ 1er. — ENTRETIEN

La longueur totale des routes départementales dont le classement a été prononcé par décrets ou ordonnances, ou par délibérations du Conseil général, est de. . . . 57 600 »

La longueur des routes arrivées à l'état d'entretien, au 31 décembre 1882, était de. . . . . 46.500 »

Il a été ou sera construit dans la campagne de 1883, en routes neuves. . . . . 4.500 »

La longueur des routes départementales à l'état d'entretien, au 1er janvier 1884, sera de. . . . . 51.000 »

Il est demandé, pour l'entretien de ces routes en 1884, une somme de 46,000 francs, répartie conformément au cadre ci-après :

NUMÉROS D'ORDRE des routes	DÉSIGNATION de chaque route conforme à l'ordonnance au décret ou à la délibération qui en a prononcé le classement	Longueur totale en mètres	Longueur à l'état d'entretien	Longueur en construction	Longueur en lacune	ÉVALUATION de la dépense de l'année	
						Travaux à forfait (A)	Entretien (B)
1	Mostaganem à Mascara	57.000	51.000	6.250	350	25.000	15.000

(A) Entretien et réparations ordinaires de chaque route et des ouvrages d'art qui en font partie.

(B) Entretien entre Perrégaux et Oued-el-Hammam.

Pour l'article 1er (ligne Mostaganem à Mascara) : 54.500 » — (1) 46.000 » — 46.000 » — (1) Y compris 6,000 fr. pour réfection de la plate-forme au kil. 53.

§ 2. CONSTRUCTIONS, GROSSES RÉPARATIONS, TRAVAUX NEUFS, AMÉLIORATIONS DES ROUTES DÉPARTEMENTALES

Indemnités pour dépossessions d'immeubles ; indemnités aux ingénieurs et conducteurs, personnel des conducteurs et agents secondaires

Il convient d'indiquer dans cette colonne, pour chaque route, le montant des subventions communales ou particulières qu'elles auraient obtenues, afin d'établir la concordance avec ses mêmes subventions portées en recette, à la page 4 ; une accolade réunira ces subventions au vote départemental pour chaque route, afin de ne faire sortir qu'un chiffre dans les autres colonnes.
(Donner la situation des travaux adjugés, des indemnités de terrains à payer, des crédits ouverts et de ceux qui restent à ouvrir dans la forme des exemples du sous-chapitre II.)

Report. . . .	54.500 »	46.000 »	46.000 »	

DÉSIGNATION DES DÉPENSES	SOMMES ALLOUÉES au Budget de 1883 soit par le décret de règlement, soit par décisions modificatives	SOMMES VOTÉES par le Conseil général	RÈGLEMENT	
			SOMMES ALLOUÉES	OBSERVATIONS
Report. . . .	54.500 »	46.000 »	46.000 »	
ART. — Réserve pour travaux imprévus.				
ART. — Traitements, salaires et frais de déplacement des conducteurs et autres agents attachés au service des routes départementales.				
ART. — Dépenses diverses :				
1· Loyers de bâtiments ou terrains, secours à des ouvriers blessés . . .	»	»	»	
2· Frais de levé de plans, d'expertise et de recherche de matériaux . .				
NOTA. — Cet article ne doit servir qu'aux dépenses qui y sont désignées. Chaque article de crédit, par route (et par pont ou autre ouvrage d'art lorsqu'il est crédité spécialement), reçoit l'imputation de toutes les autres dépenses, savoir : les travaux, les acquisitions, les indemnités de terrain, les frais accessoires et salaires des cantonniers et ouvriers supplémentaires, lorsqu'il y a lieu.				
. — Indemnités proportionnelles à accorder aux ingénieurs des ponts et chaussées				
. — Indemnités extraordinaires pour les ingénieurs et conducteurs				
. — Frais de poursuites pour contraventions en matière de roulage sur les routes départementales. (Décret du 3 novembre 1855).				
Total du sous-chapitre III. . .	54.500 »	46.000 »	46.000 »	

SOUS-CHAPITRE IV

Chemins vicinaux, chemins de fer d'intérêt local

§ 1ʳ. — CHEMINS VICINAUX

Il est demandé, pour ce service, en 1884, une somme de. 542.211 »

Savoir :

Sur le produit des centimes spéciaux . . . .   » »
Sur les ressources éventuelles de la vicinalité . . . 218.211 »
Sur les autres ressources du budget ordinaire. . . 324.000 »

TOTAL. . . . . 542.211 »

Chemins de grande communication

La longueur des chemins de grande communication est de. 1.643.520ᵐ

Au 31 décembre 1882, la longueur parvenue à l'état d'entretien, était de . . . . 567.525 »
Il a été ou sera construit en 1883 . . . . 36.340 »

La longueur des chemins de grande communication à l'état d'entretien, au 1ᵉʳ janvier 1884, sera de . 603.865ᵐ
Il est demandé pour les travaux de ces lignes une somme de. . . . . 420.653 ʳ

répartie conformément au cadre ci-après :

Nᵒˢ des Articles	Nᵒˢ des chemins	DÉSIGNATION des CHEMINS	Sur la subvention du département		Sur la subvention de l'Etat		Contingents communaux, souscriptions, etc.		TOTAL		SOMMES ALLOUÉES au budget de 1883 soit par le décret de règlement, soit par décisions modificatives	SOMMES VOTÉES par le Conseil général	RÈGLEMENT SOMMES ALLOUÉES	OBSERVATIONS
			Entretien	Trav. neufs	Entretien	Trav. neufs	Entretien	Trav. neufs	Entretien	Trav. neufs				
	1	Relizane à Tiaret . .	57.000	»	»	»	20.189	»	77.189	»				
	2	Mascara à Tiaret . .	18.000	»	»	»	22.574	»	40.574	»				
	3	Bel-Abbès à Daya. .	18.000	»	»	»	3.500	»	21.500	»				
	4	Tlemcen à Sebdou. .	27.000	»	»	»	8.168	»	35.168	»				
	5	Tlemcen à Nemours.	20.000	»	»	»	14.080	»	34.080	»				
	6	D'Arzew au Sig. . .	8.000	»	»	»	2.200	»	10.200	»				
	7	Du Sig à Perrégaux .	7.000	»	»	»	2.500	»	9.500	»				
	8	Mostaganem à Pont-du-Chélif	18.000	»	»	»	3.080	»	21.080	»				
	9	D'Assi-Ameur au Sig	7.000	»	»	»	2.085	»	9.085	»				
	10	Ceinture de la M'léta.	16.000	»	»	»	6.196	»	22.196	»				
	11	Inkermann à Ammi-Moussa	1.000	»	»	»	20.056	»	21.056	»				
	12	Ammi-Moussa à Tiaret	3.000	»	»	»	»	»	3.000	»				
	13	Tlélat à Bel-Abbès.	25.000	»	»	»	5.966	»	30.966	»				
	14	Trembles au Sig . .	2.500	»	»	»	5.204	»	7.704	»				
	15	Arzew au Tlélat. . .	2.000	»	»	»	1.850	»	3.850	»				
	16	Lamoricière à Pont-de-l'Isser	500	»	»	»	6.397	»	6.807	»				
	17	Perrégaux à Bouguirat par El-Romri .	10.000	»	»	»	937	»	10.937	»				
	18	Bel-Abbès à la mer par Aïn-Temouchent.	2.500	»	»	»	8.001	»	10.501	»				
	19	Mers-el-Kébir à Aïn-El-Turck longeant la mer	»	»	»	»	»	»	»	»				
	20	Mostaganem au quai d'embarquement .	500	»	»	»	600	»	1.100	»	591.874 »	453.653 »	453.653 »	
	21	Mascara à Tiaret par Fortassa et Tegdempt	7.000	»	»	»	9.850	»	16.850	»				
	22	L'Hillil à Cacherou par El-Bordj (entre l'Hillil et El-Kalâa)	1.000	»	»	»	4.811	»	5.811	»				
	23	Tiaret à Teniet . . .	1.000	»	»	»	1.200	»	2.200	»				
	24	Fortassa à Relizane .	»	»	»	»	2.373	»	2.373	»				
	25	Bel-Abbès à Hammam-bou-Hadjar .	5.000	»	»	»	2.254	»	7.254	»				
	26	Perrégaux à la Macta	3.500	»	»	»	500	»	4.000	»				
	27	Tlemcen à Nédromah par les Traras. . .	»	»	»	»	»	»	»	»				
	28	Sig à Mostaganem par Mocta-Douz. .	1.500	»	»	»	661	»	2.161	»				
	29	Mercier—Lacombe à Oued-el-Hammam.	»	»	»	»	2.083	»	2.083	»				
	30	La Stidia à Aïn-Tédelès	5.000	»	»	»	3.520	»	8.520	»				
	31	Bel-Abbès au Sig par Oued-Imbert . . .	»	»	»	»	826	»	826	»				
	32	Zemmorah à Ammi-Moussa	»	»	»	»	8.593	»	8.593	»				
	33	Ben-Youb au Telagh.	6.000	»	»	»	1.000	»	7.000	»				
	34	Ste-Léonie à la route nationale par Saint-Leu.	3.000	»	»	»	1.199	»	4.199	»				
	35	Ras-el-Mâ à Sebdou par El-Aricha. . . .	4.000	»	»	»	»	»	4.000	»				
		TOTAUX.	280.000	»	»	»	173.653	»	453.653	»				

(Art. 1. s'applique à l'ensemble des chemins ci-dessus.)

A reporter. . .	591.874 »	453.653 »	453.653 »

DÉSIGNATION DES DÉPENSES	SOMMES ALLOUÉES au Budget de 1883 soit par le décret de règlement, soit par décisions modificatives	SOMMES VOTÉES par le conseil général	RÈGLEMENT SOMMES ALLOUÉES	OBSERVATIONS
Report. . . .	591.874 »	453.653 »	453.653 »	

Chemins d'intérêt commun

La longueur des chemins d'intérêt commun classés par le Conseil général est de . . . . 510.365 »

Au 31 décembre 1882, la longueur parvenue à l'état d'entretien était de. . . . . 143.400 »

Il a été ou il sera construit en 1883 . . . . 34.650 »

La longueur des chemins d'intérêt commun, au 1ᵉʳ janvier 1884, sera de . . . . 178.050 »

Il est demandé pour les travaux de ces lignes une somme de. . . . . 121.558 »
répartie conformément au cadre ci-après :

Nᵒˢ des Articles	Nᵒˢ des Chemins	DÉSIGNATION des CHEMINS	Sur la subvention du département Entretien	Sur la subvention du département Trav. neufs	Sur la subvention de l'Etat Entretien	Sur la subvention de l'Etat Trav. neufs	Contingents communaux, souscriptions, etc. Entretien	Contingents communaux, souscriptions, etc. Trav. neufs	TOTAL Entretien	TOTAL Trav. neufs	SOMMES ALLOUÉES au Budget de 1883	SOMMES VOTÉES par le conseil général	RÈGLEMENT SOMMES ALLOUÉES	OBSERVATIONS
Art. 2	1	Mers-el-Kébir à Bou-Tlélis par El-Ansor	10.000	»	»	»	3.621	»	13.621	»				
	2	Sig à Perrégaux. . .	2.500	»	»	»	500	»	3.000	»				
	3	Bel-Abbès à Magenta	28.000	»	»	»	2.425	»	30.425	»				
	4	Aïn-Tédelès à Sourk-el-Mitou	2.000	»	»	»	840	»	2.840	»				
	5	Saint-Cloud à Oran par Arcole	2.000	»	»	»	6.249	»	8.249	»				
	6	La Sénia à Misser-ghin	13.000	»	»	»	2.083	»	15.083	»				
	7	Aïn-Beïda à Aïn-el-Arba	2.500	»	»	»	2.042	»	4.542	»				
	8	Oran au Tlélat par Sidi-Chami	10.000	»	»	»	5.799	»	15.799	»				
	9	Tounin à Pont-du-Chélif.	1.500	»	»	»	1.353	»	2.853	»				
	10	Cacherou à Thiersville par Matemore. .	2.500	»	»	»	3.500	»	6.000	»				
	11	Sidi-Brahim à Mercier-Lacombe. . .	2.000	»	»	»	740	»	2.740	»	186.960 »	131.558 »	131.558 »	
	12	Hennaya à Nédromah	»	»	»	»	»	»	»	»				
	13	Tlemcen à Beni-Saf .	5.000	»	»	»	»	»	5.000	»				
	14	Bel-Abbès à Bou-Kanéfis	500	»	»	»	2.697	»	3.197	»				
	15	Mostaganem à Relizane	500	»	»	»	2.714	»	3.214	»				
	16	Ben-Ferréah à la route d'Arzew	1.000	»	»	»	226	»	1.226	»				
	17	Pont-du-Chélif à Cassaigne	500	»	»	»	9.211	»	9.711	»				
	18	Pont-du-Chélif à Inkermann	500	»	»	»	»	»	500	»				
	19	Saint-Cloud à Fleurus	2.000	»	»	»	558	»	2.558	»				
	20	Sirat à Blad-Touaria	1.000	»	»	»	»	»	1.000	»				
		TOTAUX. . . .	87.000	»	»	»	44.558	»	131.558	»				

	SOMMES ALLOUÉES	SOMMES VOTÉES	RÈGLEMENT SOMMES ALLOUÉES	OBSERVATIONS
A reporter	778.834 »	585.211 »	585.211 »	

DÉSIGNATION DES DÉPENSES	SOMMES ALLOUÉES au Budget de 1883 soit par le décret de règlement, soit par décisions modificatives	SOMMES votées par le Conseil général	RÈGLEMENT	
			SOMMES ALLOUÉES	OBSERVATIONS
Report. . . .	778.834 »	585.211 »	583.211 »	
Art. . — Subventions pour les travaux de chemins ordinaires : Réseau subventionné en vertu de la loi du 11 juillet 1868 . . . . Réseau non subventionné.				
Art. . — Subvention aux communes pour le remboursement d'emprunts contractés à la caisse des chemins vicinaux.				
Art. . — Réserves pour travaux imprévus.				
Art. 3. — Traitement des agents voyers.				

Savoir :	Traitement normal	Accessoires de traitement	TOTAL		
1 agent voyer en chef de première classe. . .	8.000 »	8.000 »	16.000 »		
1 id. inspecteur de 2ᵉ classe	5.000 »	3.000 »	8.000 »		
1 id. principal de première classe. . .	4.000 »	»	4.000 »		
2 id. ordinaires de 1ʳᵉ classe . .	7.200 »	1.800 »	9.000 »		
1 id. id. de 2ᵉ cl.	3.300 »	900 »	4.200 »		
2 id. id. de 3ᵉ cl.	6.000 »	1.800 »	7.800 »	68.160 »	68.160 »	68.160 »
4 id. id. de 5ᵉ cl.	9.600 »	2.800 »	12.400 »		
1 id. comptable de 3ᵉ classe	2.400 »	»	2.400 »		
1 id. auxiliaire	2.400 »	»	2.400 »		
1 garçon de bureau	960 »	»	960 »		
1 agent voyer architecte (indemnité).	1.000 »	»	1.000 »		
Totaux. . .	49.860 »	18.300 »	68.160 »		

Art. . — Frais de poursuites pour contraventions en matière de roulage sur les chemins vicinaux. (*Décret du 3 novembre 1855*).			
Art. 4. — Dépenses diverses, recherches de matériaux, etc. . .	6.000 »	6.000 »	6.000 »
Art. 5. — Indemnités aux agents-voyers pour frais de chaouchs chargés des courses de service.	4.210 80	4.210 80	4.210 80
Art. . — Dépenses des chemins ordinaires imputables sur les contingents communaux. Loi spéciale du			
Art. . — Dépenses d'intérêt collectif imputables sur les contingents communaux pour le service des trois catégories de lignes vicinales.			

§ 2. Chemins de fer d'intérêt local
(Décret du 7 mai 1874)

Articles non reproduits.			
Total du sous-chapitre IV. . .	857.704 80	663.581 50	663.581 50

SOUS-CHAPITRE V

Enfants assistés
(Loi du 5 mai 1869)

Article premier. — Dépenses du service intérieur : (1)			
Nourrices sédentaires. . . . . 960 »			
Layettes pour un nombre moyen de 20 enfants . . . . 500 »			
Frais de séjour à l'hospice dépositaire pour un nombre moyen de 3 enfants au-dessous de 12 ans. . . . . 1.350 »	4.650 »	5.310 »	5.310 »
Id. enfants de 12 à 21 ans . .			
Frais de traitement dans les hôpitaux. . . 2.500 »			
A Reporter. . . .	4.650 »	5.310 »	5.310 »

(1) Y compris 1/5 à la charge de l'État (art. 5. § 5).

DÉSIGNATION DES DÉPENSES	SOMMES ALLOUÉES au budget de 1883 soit par le décret de règlement, soit par décisions modificatives	SOMMES VOTÉES par le Conseil général	RÈGLEMENT SOMMES ALLOUÉES	OBSERVATIONS
Report. . . .	4.650 »	5.310 »	5.310 »	(1) Y compris 1/5 à la charge des communes.
ART. 2. — Dépenses du service extérieur, savoir : (1)				
Orphelinats y compris le Sig, les enfants en garde et le traitement des sœurs. . . . . 18.000 »				
Secours temporaires aux filles mères et aux familles indigentes . . . . 37.000 »				
Frais d'allaitement . . . . 10.000 »				
Primes d'encouragement aux enfants assistés qui se sont distingués par leur conduite et par leurs progrès . . . . 1.500 »	70.000 »	68.200 »	68.200 »	
Transport et conduite des enfants entrant à l'hospice dépositaire ou en sortant pour être placés . . . . 200 »				
Dots de jeunes filles à marier . . . . . 200 »				
Vêtures fournies par l'hôpital aux orphelins . 1.000 »				
Imprimés et registres . . . . 300 »				
ART. 3. — Somme mise à la disposition du Préfet pour achat de dix livrets de caisse d'épargne, pour cinq garçons et cinq filles assistés	100 »	100 »	100 »	
ART. 4. — Service de l'inspection . . . . . . { Un commis . . . 2.401 50 Frais de tournées de l'inspecteur. 501 50 }	2.903 »	2.903 »	2.903 »	Y compris 3 francs pour timbres de quittances.
ART. 5. — Indemnité au chef de bureau de comptabilité faisant fonctions de régisseur comptable des enfants assistés, etc.	601 50	601 50	601 50	
TOTAL du sous-chapitre V. . .	78.254 50	77.114 50	77.114 50	
SOUS-CHAPITRE VI				
Aliénés				
ARTICLE PREMIER. — Dépenses pour un nombre moyen de cent aliénés des deux sexes, et à raison de 456 fr. 25 pour la pension annuelle de chaque aliéné . . . . 45.625 »				
Frais de transport et de nourriture en route des aliénés indigents qui appartiennent au département . . . . 4.375 »	50.000 »	50.000 »	50.000 »	
Frais d'inspection et de surveillance des aliénés placés au compte du département.				
TOTAL du sous-chapitre VI. . .	50.000 »	50.000 »	50.000 »	
SOUS-CHAPITRE VII				
Assistance publique				
ARTICLE PREMIER. — Secours de route et frais de transport pour les voyageurs indigents.	1.500 »	4.000 »	4.000 »	Y compris 301 fr. 50 pour l'indemnité allouée au conservateur du vaccin.
ART. 2. — Indemnité pour la propagation ou la conservation de la vaccine. (Arrêté ministériel du 6 janvier 1859) . . .	15.301 50	15.301 50	15.301 50	(1) Confection et achat de registre et d'imprimés 100
ART. . — Secours aux sociétés maternelles	»	»	»	Indemnité au médecin inspecteur 500
ART. 3. — Protection des enfants du premier âge. (Loi du 23 décembre 1874).	1.500 »	600 (1) »	600 »	Egal. 600
A reporter	18.301 50	19.901 50	19.901 50	

DÉSIGNATION DES DÉPENSES	SOMMES ALLOUÉES au Budget de 1883 soit par le décret de règlement, soit par décisions modificatives	SOMMES VOTÉES par le Conseil général	RÉGLEMENT	
			SOMMES ALLOUÉES	OBSERVATIONS
Report	18.301 50	19.901 50	19.901 50	
ART. . — Etablissement de crèches.	»	»	»	
ART. . — Subventions aux Sociétés de secours mutuels. *(Décret du 13 décembre 1852)*	»	»	»	
ART. . — Bureau d'assistance judiciaire. *(Décret du 2 mars 1859)*	»	»	»	
ART. 4. — Dépôt de mendicité, maison de refuge, de secours ou hospice départemental, établi à pour les				
Subvention du Département pour contribuer aux dépenses ordinaires	2.000 »	2.000 »	2.000 »	
ART. 5. — Secours aux colons indigents.	10.000 »	(1) 10.000 »	10.000 »	(1) Dont 1,500 fr. pour le territoire militaire.
ART. 6. — { Entretien de sourds-muets dans les institutions spéciales	5.000 »	3.000 »	3.000 »	
Entretien de jeunes aveugles				
ART. 7. — Subvention aux hôpitaux et aux ambulances pour vieillards infirmes.	75.000 »	75.000 »	75.000 »	
ART. 8. — Entretien de jeunes filles à l'établissement des sœurs du Bon-Pasteur	4.000 »	2.500 »	2.500 »	
ART. . — Subvention pour l'établissement de fourneaux économiques	»	»	»	
ART. 9. — Subvention à la Société centrale de Sauvetage . . .	100 10	100 10	100 10	
ART. 10. — Id. de Sauvetage d'Oran	500 10	300 10	300 10	
ART. 11. — Secours dans le cas d'extrème misère, d'accident ou de disette locale.	9.000 »	(2) 15.000 »	15.000 »	(2) Dont 5,000 fr. demandés pour le territoire de commandement.
ART. . — Colonie de Mettray.	»	»	»	
ART. . — Secours aux prisonniers	»	»	»	
Articles non reproduits.	»	»	»	
TOTAL du sous-chapitre VII. .	123.901 70	127.801 70	127.801 70	

SOUS-CHAPITRE VIII

Cultes

Néant

SOUS-CHAPITRE IX

Archives Départementales

ARTICLE PREMIER. — Appointements du conservateur des archives et des employés auxiliaires.	2.903 »	2.903 »	2.903 »	2.000 fr. pour l'archiviste. 900 pour le garçon de bureau. 3 pour timbres de quittances. 2.903 fr.
A reporter	2.903 »	2.903 »	2.903 »	

DÉSIGNATION DES DÉPENSES	SOMMES ALLOUÉES au Budget de 1883 soit par le décret de règlement, soit par décisions modificatives	SOMMES VOTÉES par le Conseil général	RÈGLEMENT — SOMMES ALLOUÉES	OBSERVATIONS
Report. . . .	2.903 »	2.903 »	2.903 »	
ART. 2. — Dépouillement extraordinaire des archives, achat de cartons et établissement de tablettes	150 »	150 »	150 »	
ART. . — Acquisitions de documents intéressant les archives	»	»	»	
ART. — Publication de l'inventaire. (*Circulaire du 12 août 1861*)	»	»	»	
ART. . — Inspection des archives communales.	»	»	»	
TOTAL du sous-chapitre IX . . .	3.053 »	3.053 »	3.053 »	

SOUS-CHAPITRE X

Encouragements aux Lettres, aux Sciences, et aux Arts

DÉSIGNATION DES DÉPENSES	SOMMES ALLOUÉES au Budget de 1883	SOMMES VOTÉES par le Conseil général	SOMMES ALLOUÉES	OBSERVATIONS
ARTICLE PREMIER. — Achats et reliures d'ouvrages d'administration pour la préfecture et les sous-préfectures	1.000 »	(1) 1.600 »	1.600 »	(1) Préfecture . . . . 800 f. / 4 Sous-Préfectures à 200 fr. chacune. . . . . . 800 » / EGAL. . . . 1.600 f.
ART. 2. — Encouragement :				
Pour l'annuaire départemental				
Pour la statistique du département				
Pour la carte topographique du département.				
Pour la carte géologique.				(2) Oran . . . . 400 f. / Tlemcen. . . . . 250 » / Mascara . . . . 250 » / Mostaganem . . . . 250 » / Relizane. . . . . 150 » / Aïn-Témouchent. . . . . . . 150 » / Perrégaux . . . . 150 » / Nemours . . . . 150 » / Saïda . . . . 150 » / Taria . . . . 50 » / Sourk-el-Mitou. . . . . . . 50 » / Palikao . . . . 50 » / Lamoricière . . . . 100 » / Tiaret. . . . . 150 » / Oran (Indigène) . . . . . . 50 » / Inkermann. . . . . 100 » / Sig . . . . 150 » / Arzew. . . . . 150 » / Bouguirat . . . . 100 » / Saint-Aimé. . . . . 100 » / EGAL. . . . . . 2.950 »
ART. 3. — — Encouragements aux Sciences, aux Lettres et aux Arts :				
Souscription à la Revue Africaine et à la Gazette Médicale d'Alger. . . . . 110 »				
Société de Géographie . . . . 1.000 »				
Sociétés de Musiques. . . . . 2.950 (2) »				
Subvention à un élève peintre . . . . 800 »				
Id. à des élèves en médecine . . . . . . 1.900 (3) »				
Id. à un élève sculpteur . . . . «				
Id. à un élève musicien.	6.715 »	6.765 »	6.765 »	
				(3) École de médecine d'Alger (Élève indigène). . . . . . . 1.300 » / Subvention à l'élève en médecine Llora . . . . . . 600 » / EGAL. . . . . . 1.900 »
Timbres de quittances . . . . 5 »				
ART. . — Conservation de monuments historiques.	»	»	»	
ART. . — Souscription pour le monument à la mémoire de	»	»	»	
ART. 4. — Entretien d'élèves aux écoles des Arts et Métiers de la métropole, de Dellys ou à l'école centrale des Arts et Manufactures	(4) 3.255 »	3.255 »	3.255 »	(4) Pour la métropole . . . . . 1.000 » / Pour Dellys . . . . 2.250 » / Timbres de quittances . . . 5 » / EGAL. . . . . . 3.255 »
A reporter. . . .	10.970 »	11.620 »	11.620 »	

DÉSIGNATION DES DÉPENSES	SOMMES ALLOUÉES au Budget de 1883 soit par le décret de règlement, soit par décisions modificatives	SOMMES VOTÉES par le Conseil général	RÈGLEMENT — SOMMES ALLOUÉES	OBSERVATIONS
Report. . . .	10.970 »	11.620 »	11.620 »	
ART. . — Ecole des mineurs d'Alais. (Ordonnance du 22 septembre 1843)	»	»	»	
ART. 5. — Part du département dans les dépenses de l'institut algérien	20.000 50	20.000 50	20.000 50	
ART. 6. — Service des observations météorologiques	1.300 10	1.000 10	1.000 10	
ART. 7. — Subvention à des élèves sages-femmes	2.005 »	(1)1.205 »	1.205 »	(1) Prévision
ART. . — Cours d'accouchement et traitement du professeur.	»	»	»	
ART. 8. — Subventions aux théâtres :				
Oran . . . . 1.500 »				
Mostaganem . . . . 500 »				
Tlemcen . . . . 500 »				
Mascara . . . . 500 »				
Bel-Abbès . . . . 500 »				
Timbres de quittances . . . . 5 »	3.505 »	3.505 »	3.505 »	
Articles non reproduits	300 10	»	»	
Total du sous-chapitre X. . .	38.080 70	37.330 60	37.330 60	

SOUS-CHAPITRE XI

Encouragements a l'agriculture et à l'industrie

DÉSIGNATION DES DÉPENSES	SOMMES ALLOUÉES au Budget de 1883	SOMMES VOTÉES par le Conseil général	RÈGLEMENT — SOMMES ALLOUÉES	OBSERVATIONS
ARTICLE PREMIER. — Encouragements à l'agriculture :				(2) Comice agricole de
Chambre d'agriculture. (*Décret du 21 avril 1853*) . . . . »				Oran 1.000
Société d'agriculture . . . . »				Mostaganem 500
Chaire d'enseignement . . . . »				Mascara 500
Ferme modèle . . . . »				Bel-Abbès 500
Comices agricoles . . . . (2) 5.502 »				Tlemcen 500
Achats de taureaux, béliers . . . . »	45.052 »	35.502 »	35.502 »	Relizane 500
Culture de mûriers . . . . »				Inkermann 500
Curage des cours d'eau . . . . »				Tiaret 500
Recherches d'eau, drainage, irrigations, forages de puits . . . . 20.000 »				Sig 500
Reboisement des montagnes . . . . 10.000 »				Zemmorah 500
Société d'horticulture . . . . »				Timbres de quittances 2
				ÉGAL 5.502
ART. 2. — Encouragements pour l'amélioration de la race chevaline :				(3) Société hippique de
Courses de chevaux . . . . (3) 5.752 »				Oran 2.000
Elève des chevaux . . . . »				Mostaganem 1.000
Dépôt des remontes . . . . »	7.502 »	5.752 »	5.752 »	Mascara 500
Ecole de dressage . . . . »				Bel-Abbès 500
Ecole d'équitation . . . . »				Tiaret 250
				Relizane 250
				Sig 250
				Perrégaux 250
				Ammi-Moussa 250
				Inkermann 250
				Marnia 250
				Timbres de quittances 2
				ÉGAL 5.752
ART. 3. — Traitement du vétérinaire départemental et indemnités aux vétérinaires de circonscriptions	4.711 50	(1)4.711 50	4.711 50	(1) Ce crédit comprend 1,500 fr. pour le vétérinaire départemental, et 400 fr. pour chacun des vétérinaires des circonscriptions de Mostaganem, Relizane, Mascara, Tlemcen, Tiaret, Bel-Abbès, Saint-Denis-du-Sig et Arzew.
ART. 4. — Entretien d'élèves aux écoles vétérinaires d'Alfort, de Lyon ou de Toulouse	800 50	800 50	800 50	
A reporter.	58.066 »	46.766 »	46.766 »	

DÉSIGNATION DES DÉPENSES	SOMMES ALLOUÉES au budget de 1883 soit par le décret de règlement, soit par décisions modificatives	SOMMES VOTÉES par le Conseil général	RÈGLEMENT	
			SOMMES allouées	OBSERVATIONS
Report. . . .	58.060 »	46.766 »	46.766 »	
Art. 5. — Mesures contre les épizooties.	2.000 »	2.000 »	2.000 »	
Art. 6. — Primes pour la destruction des animaux nuisibles. .	800 »	800 »	800 »	
Art. 7. — Bourses à l'école d'agriculture de Montpellier. . . .	2.002 »	(1) 1.001 »	1.001 »	(1) Y compris les timbres de quittances.
Art. 8. — Frais de tournées du professsseur d'agriculture . . .	2.002 »	»	»	
Art. . — Encouragements à l'industrie.	»	»	»	
Art. 9. — Location de terrains destinés au champ d'expériences de la chaire d'agriculture	30 »	30 »	30 »	
Art. 10. — Mesures de vigilance à prendre contre les affections de la vigne.	»	5.000 »	5.000 »	
Art. 11. — Dépenses des concours régionaux	»	10.000 »	10.000 »	
Art. 12. — Exposition de Rouen	»	2.500 »	2.500 »	
Articles non reproduits.	10 000 »	»	»	
Total du sous-chapitre XI . .	74.900 »	68.097 »	68.097 »	

SOUS-CHAPITRE XII

Subventions aux communes

DÉSIGNATION DES DÉPENSES	SOMMES ALLOUÉES au budget de 1883	SOMMES VOTÉES par le Conseil général	SOMMES allouées	OBSERVATIONS
Art. 1. — Subvention pour les écoles arabes-françaises	21.800 »	21.800 »	21.800 »	Dont 1,500 fr. pour le territoire militaire et 300 fr. pour Saint-Leu.
Art. 2. — Idem, pour acquisitions, travaux et réparations d'églises, de mairies ou autres édifices communaux, autres que les écoles primaires	»	»	»	Subvention demandée pour les églises de Marnia et de Daya.
Art. 3. — Télégraphes communaux, subventions aux communes	4.000 »	4.000 »	4.000 »	
Art. 4. — Subvention à la commune de Daya pour construction d'une station de monte.	»	»	»	
Art. 5. — Subvention aux communes pour l'entretien de leurs collèges.	»	16.000 »	16.000 »	
Articles non reproduits.	16.000 »	»	»	
Total du sous-chapitre XII. . . .	41.800 »	41.800 »	44.800 »	

SOUS CHAPITRE XIII

Dépenses diverses

DÉSIGNATION DES DÉPENSES	SOMMES ALLOUÉES au budget de 1883	SOMMES VOTÉES par le Conseil général	SOMMES allouées	OBSERVATIONS
Article premier. — Frais de perception des revenus départementaux	3.600 »	»	»	
Art. . — Part contributive du département dans la dépense des travaux exécutés par l'Etat et qui intéressent le département	»	»	»	
A reporter. . . .	3.600 »	»	»	

DÉSIGNATION DES DÉPENSES	SOMMES ALLOUÉES au budget de 1883 soit par le décret de règlement, soit par décisions modificatives	SOMMES votées par le Conseil général	RÈGLEMENT SOMMES ALLOUÉES	OBSERVATIONS
Report. . . .	3.600 »	»	»	
ART. 2. — Loyers des prisons et des dépôts de sûreté :				
Tour Lᵉ 27 à Mostaganem. . . . . 4 »	755 »	4 »	4 »	
ART. 2 *bis.* — Portion à la charge du Département dans les frais de confection des tables décennales de l'état civil. (Décret du 20 juillet 1897).	»	1.001 »	1.001 »	
ART. . — Reliure des actes de l'état civil déposés aux greffes des tribunaux.	»	»	»	
ART. 3. — Dépenses du Conseil de salubrité.	200 »	»	»	
ART. 4. — Mesures contre les épidémies.	300 »	300 »	300 »	
ART. . — Indemnité au conservateur du mobilier départemental	»	»	»	
ART. 5. — Remboursements, restitutions et non-valeurs	5.000 »	3.000 »	3.000 »	
ART. . — Avances pour travaux d'intérêt public à la charge des particuliers	»	»	»	
ART. 6. — Dépenses d'administration des populations musulmanes et frais de mission.	14.700 »	12.000 »	12.000 »	
ART. 7. — Impressions :				
Frais d'impression du procès-verbal des délibérations du Conseil général, des rapports de la Commission départementale et du Préfet 8.150 50				
Frais d'impression des budgets et des comptes départementaux . . . . 1.500 »	11.650 50	11.650 50	11.650 50	(1) Frais d'impression de partie du recueil des actes de la Préfecture et dépenses diverses d'impressions.
Frais d'impression du procès-verbal des délibérations des Conseils d'arrondissement et des rapports des sous-préfets . . . . . . » »				
Frais d'impression des cartes d'électeurs . . » »				
Impressions diverses, travaux d'intérêt départemental, etc. (1). . . . . 2.000 »				
ART. 8. — Location du logement du secrétaire général de la préfecture.	2.001 50	2.001 50	2.001 50	
ART. 9. — Secours à d'anciens employés ou à leur famille.				
Savoir :				
Mᵐᵉˢ Veuves Valleix. . . . . 200 »				
— Maurel. . . . . 200 »				
— Laglaine. . . . . 200 »				
— Evesque . . . . 200 »				
— Cauvin. . . . . 200 »				
— Gigay . . . . 200 »				
— Santrot. , ... 200 »	2.251 50	2.251 50	2.251 50	
— d'Aranjo. . . . . 200 »				
MM. Sivilla . . . . 50 »				
Villeneuve. . . . . 200 »				
Bisson . . . . 200 »				
Nourrisson. . . . . 100 »				
Mᵐᵉ Nourrisson. . . . . . , ... 100 »				
Timbre. 1 50				
ART. 10. — Société protectrice des animaux	100 10	100 10	100 10	
ART. 11. — Indemnités aux employés de la préfecture pour travaux supplémentaires à l'occasion de la tenue des sessions du Conseil général et de la Commission départementale.	3.003 »	3.003 »	3.003 »	
ART. 12. — Gratifications pour belles actions	800 »	500 »	500 »	
A reporter.	41.361 10	35.811 60	35.811 60	

DÉSIGNATION DES DÉPENSES	SOMMES ALLOUÉES au Budget de 1883 soit par le décret de règlement, soit par décisions modificatives	SOMMES VOTÉES par le conseil général	RÈGLEMENT SOMMES ALLOUÉES	OBSERVATIONS
Report. . . .	44.361 »	35.811 60	35.811 60	
Art. 13. — Service des emprunts départementaux.				
Savoir :				
Délibérations des 10 avril 1880, 6 mai 1881 et 6 avril 1883. { Intérêt de l'emprunt . . / Remboursement . . . . / Timbre, enregistrement. / Droits et taxes. . . . . } 202.911 65		(1) 202.911 65	202.911 65	(1) Emprunt de 845.000 francs contracté en 1880. . . . . . 76.000 23
Loi du · 18 . { Intérêt de l'emprunt . . / Remboursement . . . . / Timbre, enregistrement. / Droits et taxes . . . . . } » »	174.911 65			Emprunt de 655,000 fr. de 1881. . . . . 58.911 42
				Emprunt de 3,000,000 fr. pour les chemins vicinaux, (prévision pour l'amortissement des 3 premières annuités de 500,000 fr.) . . . . 60.000 »
Art. 14. — Renouvellement et entretien du mobilier de l'hôtel de la division.	4.000 »	2.400 »	2.400 »	1re annuité de l'emprunt de 200,000 fr. contracté à la caisse des écoles . . . 8.000 »
Art. 15. — Dépenses de la Commission départementale. . . .	1.000 »	1.200 »	1.200 »	Egal . . . 202.911 65
Art. 16. — Frais de tenue du Conseil général.	2.800 »	3.800 »	3.800 »	
Art. 17. — Traitement de l'employé du Conseil général. . . .	3.501 50	3.501 50	3.501 50	
Art. 18. — Habillement des huissiers et garçons de bureau du Conseil général de la préfecture et des sous-préfectures (11 à 150 francs).	1.652 »	1.652 »	1.652 »	Timbre de quittance compris.
Art. 19. — Missions et enquêtes intéressant les services départementaux et les communes.	2.500 »	2.000 »	2.000 »	
Art. 20. — Bibliothèques des tribunaux et justices de paix :				
Tribunal civil d'Oran . . . . 600 »				
Id. de Mostaganem. . . . . 250 »				
Id. de Tlemcen . . . . 250 »				
Id. de Mascara. . . . . 250 »				
Id. de Bel-Abbès . . . . 1.200 »				
Id. de Commerce d'Oran. . . . . . . 250 »				
Justice de paix de Daya. . . . . 75 »				
Id. Lalla-Marnia. . . . . 125 »				
1.554 »		3.004 »	3 004 »	
Timbres. . . . . 4 »				
Egal . . . 3.004 »				
Art. 21. — Frais de passage des emp'oyés départementaux . .	1.000 »	500 »	500 »	
Art. 22. — Prévisions de dépenses pour création ou augmentation de postes de gendarmerie	10.000 »	5.000 »	5.000 »	
Art. 23. — Dépenses des diverses commissions qui se réunissent à la préfecture	300 »	300 »	300 »	
Art. 24. — Indemnité au secrétaire du Conseil de révision. . .	200 10	»	»	
Art. 25. — Frais pour le service de la voiture cellulaire	6.002 »	6.002 »	6.002 »	Id.
Art. 26. — Achat d'ouvrages arabes à offrir aux employés de la préfecture qui suivent le cours de cette langue	150 50	150 50	150 50	Id.
Art. 27. — Subvention à la caisse de prévoyance des employés de l'Administration départementale.	1.500 10	1.500 10	1.500 10	Somme à inscrire annuellement suivant décision du Conseil général, en date du 18 octobre 1878.
A reporter. . . .	255.432 95	269.733 35	269.733 35	

DÉSIGNATION DES DÉPENSES	SOMMES ALLOUÉES au budget de 1833 soit par le décret de règlement, soit par décisions modificatives	SOMMES VOTÉES par le Conseil général	RÈGLEMENT	
			SOMMES allouées	OBSERVATIONS
Report. . . .	255.432 95	269.733 35	269.733 35	
Art. 28. — Encouragements divers	»	»	»	
Art. 29. — Subvention à la caisse des retraites des employés du département.	»	3.500 »	3.500 »	
Art. 30. — Subvention à la Société d'Alsace-Lorraine . . .	»	500 10	500 10	
Art. 31. — Prime aux architectes	»	3.000 20	3.000 20	
Art. 32. — Abonnement aux téléphones	»	1.800 10	1.800 10	
Art. 33. — Réserve pour dépenses diverses et imprévues (*Décret du 23 septembre 1875*)	16.645 28	33.562 85	10.632 85	
Articles non reproduits	1.925 60	»	»	
Total du Sous-Chapitre XIII.	274.003 83	312.096 60	289.166 60	

SOUS-CHAPITRE XIV

Dettes départementales

AFFÉRENTES A DES DÉPENSES NON OBLIGATOIRES

Total du Sous-Chapitre XIV. . . .				

DÉSIGNATION DES DÉPENSES	SOMMES ALLOUÉES au budget de 1883 soit par le décret de règlement, soit par décisions modificatives	SOMMES VOTÉES par le Conseil général	RÈGLEMENT — SOMMES ALLOUÉES	OBSERVATIONS
SOUS-CHAPITRE XV				
Instruction publique				
§ 1er — MINISTÈRE DE L'INTÉRIEUR				
ARTICLE PREMIER. — Frais de bureau de l'inspecteur d'académie	800 50	800 50	800 50	
ART. 2. — Traitement d'un instituteur attaché à l'inspection académique, à titre de commis auxiliaire.	»	»	»	
ART. 3. — Indemnité de logement au commis de l'inspecteur	601 50	601 50	601 50	
ART. 4. — Entretien de bourses dans les collèges du département	12.000 »	(1)12.300 »	12.300 »	(1) Dont 300 fr. pour les trousseaux Gaujacq et Pascalin.
ART. . — { Entretien d'élèves à l'école normale de Cluny. Subvention à la même école	»	»	»	
ART. 5. — Frais de publication du Bulletin de l'instruction publique.	1.001 »	1.001 »	1.001 »	
ART. 6. — Subvention à la medersa de Tlemcen	6.000 »	5.000 »	5.000 »	
ART. 7. — Indemnité aux inspecteurs primaires	2.410 »	1.805 »	1.805 »	
ART. 8. — Subvention au collège arabe français (lycée d'Alger).	17.605 »	12.000 »	12.000 »	
ART. 9. — Encouragements aux classes d'adultes	3.002 »	(1)3.002 »	3.002 »	
Art. 10. — Subventions aux professeurs du collège d'Oran, pour les cours aux jeunes filles	2.402 »	(1)2.402 »	2.402 »	
ART. 11. — Indemnité aux membres des commissions d'examen.	502 »	502 »	502 »	
ART. 12. — Frais de transport, d'Oran à destination, de cartes et de globes accordés aux écoles par le Ministre de l'instruction publique.	200 »	50 »	50 »	(1) Y compris 2 fr. pour timbre de quittances.
ART. 13. — 1° Bourse accordée au 2e fils de madame veuve Hostain, au lycée d'Alger, jusqu'à la fin des études	1.202 »	(2)1.201 »	1.201 »	(2) Bourse...... 800 — Trousseau...... 400
ART. 14. — Cours d'arabe de la préfecture	452 »	(3)452 »	452 »	(3) Indemnité au professeur 400 » — Matériel. 50 » — Timbres de quittances... 2 » — EGAL.... 452 »
ART. 15. — Caisse des écoles, — cotisation du Conseil général.	12 10	12 10	12 10	
ART. 16. — Traitement d'une inspectrice des salles d'asile.	3.501 50	3.501 50	3.501 50	
ART. 17. — Subvention à la Ligue de l'enseignement.	100 10	100 10	100 10	
ART. 18. — Pour les conférences pédagogiques	1.510 »	1.510 »	1.510 »	Indemnités........ 1.500 » — Timbres.......... 10 » — EGAL.... 1.510 »
ART. 19. — Part du département dans les frais de traitement des instituteurs suppléants	3.005 »	»	»	
ART. 20. — Subvention aux élèves du département, boursiers aux écoles normales d'Alger et de Milianah, à raison de cent francs par élève.	1.702 »	»	»	
ART. 21. — Subvention à M. Lavenas, pour l'entretien de son fils au lycée d'Alger	801 »	801 »	801 »	
ART. 22. — Trousseaux d'élèves boursiers à l'école normale d'Alger	»	900 30	900 30	
ART. 23. — Subvention à M. Antoine	»	500 10	500 10	
Articles non reproduits	17.409 »	»	»	
TOTAL du sous-chapitre XV.	65.714 90	48.442 10	48.442 10	

DÉSIGNATION DES DÉPENSES	SOMMES ALLOUÉES au Budget de 1883 soit par le décret de réglement, soit par décisions modificatives	SOMMES VOTÉES par le Conseil général	RÈGLEMENT	
			SOMMES ALLOUÉES	OBSERVATIONS
SOUS-CHAPITRE XVI				
Cadastre				
ART. . — Dépenses à imputer sur les ressources ordinaires du budget.				
§ 2. — MINISTÈRE DES FINANCES				
ART. . — Dépenses à imputer sur le produit de l'imposition autorisée par la loi du 2 août 1829.				
CRÉDIT à ordonnancer par le Ministre des finances . . .				
REPORT du paragraphe 1er.				
Total du Sous Chapitre XVI. . . .				

RÉCAPITULATION (Dépenses)

		SOMMES ALLOUÉES au Budget de 1883	SOMMES VOTÉES par le Conseil général	RÈGLEMENT — SOMMES ALLOUÉES
Sous-chapitre	1. Dépenses obligatoires	170.405 »	125.762 20	148.692 20
Id.	2. Propriétés départementales immobilières. . . .	73.745 57	115.361 50	115.361 50
Id.	3. Routes départementales.	54.500 »	46.000 »	46.000 »
Id.	4. Chemins vicinaux, chemins de fer d'intérêt local	857.704 80	663.581 80	663.581 80
Id.	5. Enfants assistés.	78.254 50	77.114 50	77.114 50
Id.	6. Aliénés.	50.000 »	50.000 »	50.000 »
Id.	7. Assistance publique.	123.901 70	127.801 70	127 801 70
Id.	8. Cultes	»	»	»
Id.	9. Archives départementales.	3.053 »	3.053 »	3.053 »
Id.	10. Encouragements aux lettres, aux sciences et aux arts	3².080 70	37.330 60	37.330 60
Id.	11. Encouragements à l'agriculture et à l'industrie.	74.900 »	68.097 »	68.097 »
Id.	12 Subventions aux communes	41.800 »	41.800 »	41.800 »
Id.	13. Dépenses diverses.	274.003 83	312.096 60	289.166 60
Id.	14. Dettes départementales	»	»	»
Id.	15 Instruction publique	65.714 90	48.442 10	48.442 10
Id.	16. Cadastre	»	»	»
Dépenses non reproduites en 1883		»	»	»
	TOTAL des dépenses ordinaires. . .	1.906.064 »	1.716.441 »	1.716.441 »

RECETTES DÉPARTEMENTALES
EXTRAORDINAIRES

DÉSIGNATION DES RECETTES	SOMMES ALLOUÉES au Budget de 1883 soit par le décret de règlement, soit par décisions modificatives	SOMMES VOTÉES par le Conseil général	RÈGLEMENT	
			SOMMES ALLOUÉES	OBSERVATIONS
RECETTES DE 1884				
ARTICLE PREMIER. — Impositions extraordinaires perçues en vertu de lois spéciales				
ART. 2. — Emprunts réalisables en exécution du décret du 23 septembre 1875.				
Emprunts à réaliser en vertu des lois spéciales.				
ART. 3. — Produits éventuels du budget extraordinaire. (*Décret du 23 septembre 1875 art. 59*).				
1° Produit des biens aliénés :				
Cessions de terrains ou de bâtiments. »				
Vente de matériaux. . . . . »				
Vente de mobiliers hors de service. . »				
Vente de vieux papiers . . . . »				
2° Dons et legs . . . . »				
3° Remboursement de capitaux exigibles et de rentes rachetées . . .	1.500 »	3.000 »	3.000 »	
Reversement pour trop payé sur les ressources extraordinaires. . . . . »				
Recettes accidentelles . . . . 3.000 » 3.000 »				
Recettes non reproduites.				
Total général des recettes extraordinaires. . . .	1.500 »	3.000 »	3.000 »	

DÉPENSES DÉPARTEMENTALES EXTRAORDINAIRES

DÉSIGNATION DES DÉPENSES	SOMMES ALLOUÉES au Budget de 1883 soit par le décret do règlement, soit par décisions modificatives	SOMMES VOTÉES par le Conseil général	RÈGLEMENT	
			SOMMES ALLOUÉES	OBSERVATIONS
SOUS-CHAPITRE XVII				
Dépenses imputables sur impositions extraordinaires				
§ 1er				
Emploi de l'imposition extraordinaire autorisée par la loi spéciale du				
Art.				
Total du § 1er. . . .				
§				
Emploi de l'imposition extraordinaire autorisée par la loi spéciale du				
Art.				
Total du §. . . .				
§				
Service des emprunts départementaux				
Art. . Délibération du 18 { Intérêts de l'emprunt . . / Remboursement. . . . . / Timbre, enregistrement. / Droits et taxes				
Art. . Délibération du 18 { Intérêts de l'emprunt . . / Remboursement. . . . . / Timbre, enregistrement. / Droits et taxes				
Art. . Délibération du 18 { Intérêts de l'emprunt . . / Remboursement. . . . . / Timbre, enregistrement. / Droits et taxes				
Art. . Loi du 18 { Intérêts de l'emprunt . . / Remboursement. . . . . / Timbre, enregistrement. / Droits et taxes				
Art. . Loi du 18 { Intérêts de l'emprunt . . / Remboursement. . . . . / Timbre, enregistrement. / Droits et taxes				
Total du §				

DÉSIGNATION DES DÉPENSES	SOMMES ALLOUÉES au Budget de 1883 soit par le décret de règlement, soit par décisions modificatives	SOMMES VOTÉES par le Conseil général	RÈGLEMENT	
			SOMMES ALLOUÉES	OBSERVATIONS
RÉCAPITULATION. § 1er. Loi du 10 août 1871.				
— § Loi du				
— § Loi du				
— § Loi du				
— § Loi du				
— § Loi du				
Total du sous-chapitre XVII. . . .				

SOUS-CHAPITRE XVIII

Dépenses imputables sur fonds d'emprunts

§ 1er

Loi ou délibération du   .)
Emprunt départemental de   fr. contracté pour

Situation de cet emprunt

Le montant de l'emprunt autorisé est de . . . .
1° Il a été ordonnancé sur les exercices antérieurs à 18 . . . .)
2° Il a été porté en crédit au budget départemental de 18 . . . .)

Le département peut donc encore disposer de. . . .

On propose d'affecter aux besoins de l'exercice une somme de . . . .

Emploi détaillé de la portion d'emprunt pour 18

ARTICLE PREMIER. — (Même détail qu'au sous-chapitre XVII.)

Total du § 1er. . . . .

SOUS-CHAPITRE XIX

Dépenses imputables sur les produits éventuels extraordinaires

ARTICLE PREMIER. — Frais de perception. . . . .

ART, . — Frais de vente et d'enregistrement relatifs à la cession de propriétés immobilières . . . .

ART. 2. — Frais de ventes immobilières :

Matériaux. . . . .
Mobilier hors de service . . . .
Vieux papiers. . . . .

ART. . — Frais d'enregistrement relatifs aux dons ou legs faits au département. . . . .

Total du Sous-Chapitre XIX. . . .

DÉSIGNATION	SOMMES ALLOUÉES au Budget de 1883 soit par le décret de règlement, soit par décisions modificatives	SOMMES VOTÉES par le conseil général	RÈGLEMENT SOMMES ALLOUÉES	OBSERVATIONS
RÉCAPITULATION				
Sous-Chapitre 17. Centimes extraordinaires.				
Id. 18. Emprunts départementaux.				
Id. 19. Produits éventuels extraordinaires				
Total des dépenses extraordinaires. . . .				

RÉCAPITULATION DES DEUX BUDGETS

RECETTES

	SOMMES ALLOUÉES au Budget de 1883	SOMMES VOTÉES par le conseil général	RÈGLEMENT SOMMES ALLOUÉES
Recettes ordinaires	1.906.064 »	1.716.441 »	1.716.441 »
Recettes extraordinaires.	1.500 »	3.000 »	3.000 »
TOTAL GÉNÉRAL des recettes. . .	1.907.564 »	1.719.441 »	1.719.441 »

DÉPENSES

Dépenses ordinaires	1.906.064 »	1.716.441 »	1.716.441 »
Dépenses extraordinaires	»	»	»
TOTAL GÉNÉRAL des dépenses . .	1.906.064 »	1.716.441 »	1.716.441 »

BALANCE . . .			
TOTAL des recettes	1.907.564 »	1.719.441 »	1.719.441 »
TOTAL des dépenses	1.906.064 »	1.716.441 »	1.716.441 »
EXCÉDANT des recettes. . .	1.500 »	3.000 »	3.000 »

Dressé par le Préfet d'Oran.

A Oran, le 8 septembre 1883.

Délibéré par le Conseil général du département.

A Oran, le 3 novembre 1883.

D'office le secrétaire général,

ED. GAROBY.

Signés : A. DUBREUIL (Président). — LOUSTAU. — ASTIER. — DUFOREST. — PRIOU. — L. FOUQUE. — E. JACQUES. — MONBRUN. — Dʳ VINCIGUERRA. — VAGNON. — ENGLER. — FAUQUEUX. — BÉZY. — V. MESTAYER. — A. SUZZARINI. — E. DAVID. — ULHMAN. — DE MAUPASSANT. — Dʳ AUTUN. — Dʳ J. SANDRAS. — AYME. — MOHAMED BEN DAOUD. — HANIFI BEN ABDALLAH. — HADJ HASSEN. — BEN ABDALLAH OULD SIDI EL ARIBI.

POUR AMPLIATION :

Le Directeur du Secrétariat et de la Comptabilité,

H. ROUSSEAU.

Vu pour être annexé au décret du 17 mars 1884.

POUR LE MINISTRE DE L'INTÉRIEUR ET POUR LE SOUS-SECRÉTAIRE D'ÉTAT :

Le Chef du Service de l'Algérie,

Signé : DELABARRE.

Le Président de la République Française,

Vu le décret du 23 septembre 1875 sur l'organisation des Conseils généraux de l'Algérie ;
Vu le décret dn 26 août 1881, sur l'organisation administrative de l'Algérie ;
Vu le projet du budget des recettes et des dépenses du département d'Oran pour l'exercice 1884 ;
Vu les délibérations prises par le Conseil général du dit département dans sa session d'octobre 1883 ;
Vu le décret rendu en Conseil d'Etat du 13 mars 1884, et prescrivant inscription d'office, aux art. 20 et 21 du sous-chapitre 1er, d'une somme de 22,930 fr. nécessaire au paiement des traitements des chaouchs attachés aux Tribunaux et Justices de paix du département ;
Vu les propositions du Gouverneur général de l'Algérie ;
Sur le rapport du Ministre de l'intérieur ;

DÉCRÈTE :

ARTICLE PREMIER. — Le budget des recettes et des dépenses du département d'Oran, pour l'exercice 1884, est définitivement arrêté d'après les délibérations du Conseil général, conformément au tableau ci-annexé :

En recettes, à la somme de **un million sept cent dix-neuf mille quatre cent quarante-un francs (1,719,441 fr.)** et en dépenses, à **un million sept cent seize mille quatre cent quarante-un francs (1,716,441 fr.)** savoir :

BUDGET ORDINAIRE :

Recettes . . . . 1.716.441 fr.

Dépenses . . . . 1.716.441 »

BUDGET EXTRAORDINAIRE :

Recettes . . . . 3.000 »

Dépenses . . . . »

EXCÉDANT DE RECETTES . . . . . 3.000 »

RÉCAPITULATION :

Total des recettes . . . . 1.719.441 »

Total des dépenses . . . . 1.716.441 »

EXCÉDANT DE RECETTES . . . . 3.000 fr.

ART. 2. — Le Ministre de l'Intérieur est chargé de l'exécution du présent décret qui sera inséré au *Bulletin officiel* du gouvernement général de l'Algérie.

Fait à Paris, le 17 mars 1884.

PAR LE PRÉSIDENT DE LA RÉPUBLIQUE :
Le Ministre de l'Intérieur,
Signé : WALDECK – ROUSSEAU.

Signé : JULES GRÉVY.

Certifié conforme,
Signé : MONTEIL.

www.ingramcontent.com/pod-product-compliance
Lightning Source LLC
Chambersburg PA
CBHW051740050726
47598CB00003B/1267